DES VOIES ROMAINES

SORTANT DE CARHAIX.

DES
VOIES ROMAINES
SORTANT DE CARHAIX
(FINISTÈRE),

Par M. Bizeul, de Blain,

MEMBRE DE L'INSTITUT DES PROVINCES, CORRESPONDANT DE LA SOCIÉTÉ DES ANTIQUAIRES DE FRANCE, DE LA SOCIÉTÉ ACADÉMIQUE DE NANTES, PRÉSIDENT D'HONNEUR DANS LA SOCIÉTÉ ARCHÉOLOGIQUE DE BRETAGNE, SECTION DE LA LOIRE-INFÉRIEURE, ETC.

Sparsa et neglecta coëgi.
(CL. FAUCHET.)

RENNES
Imp. de M.me de Caila, place du Champ-Jacquet, près l'ancien Cirque.

1849.

DES VOIES ROMAINES

SORTANT DE CARHAIX,

PAR M. BIZEUL.

Sparsa et neglecta coegi.
Cl. FAUCHET.

Carhaix est un nom francisé. Le véritable est *Ker-ahès*. C'est ainsi qu'on le trouve écrit dans toutes nos vieilles chartes bretonnes, et qu'il est prononcé par tous les Bretons bretonnants. Cette ville, qui n'est plus aujourd'hui qu'une simple bourgade, avait au moyen âge, une plus grande importance. C'était la capitale du pays de Poher, sorte de grand fief ou petite province enclavée dans l'ancien royaume ou comté de Bretagne. Le vénérable et savant comte de Blois a donné un précis historique sur le Poher, dans la nouvelle édition d'Ogée, t. 1. p. 147, article CARHAIX. Il fait remarquer très-justement que le nom de *Poher* est une syncope euphonique de l'ancien nom donné dans les chartes du IX.ᵉ au XII.ᵉ siècle, et qui était *Pou-caer* ou *Pou-haer*, dont la signification est, à la lettre, *le pays de la ville*. Il y avait donc une ville dans ce canton, une ville par excellence ; mais quelle qu'ait été au moyen âge l'importance de Carhaix, avec sa ceinture de murailles et son château fort, on peut croire, avec quelque raison, que ce nom de *Pou-Kaer*,

2

en usage dès le IX.e siècle , (*tit. du Cartul. de Redon , D. Morice , Histoire de Bret. Preuv. 1. 273*) remontait beaucoup plus haut , et tirait son origine d'une ville bien autrement considérable que le *Carhaix* devenu capitale du petit pays de Poher. Il devait y avoir, dans une telle dénomination , quelque chose de cette vénération que les siècles attachent à un lieu jadis célèbre : le pays de la Ville, de la grande ville, de l'antique capitale. Mais quel était son nom ? On l'ignore, et ça été en vain, comme nous le verrons bientôt, qu'on a, à ce sujet, entassé conjectures sur conjectures.

Cependant le nom de Ker-ahès a surgi, on ne sait à quelle époque, et on le rencontre, pour la première fois, dans une charte de 1296 écrite en français, tirée des archives de Blain, et donnée par D. Morice, *Pr. l. 1120*. On y nomme Pierre dit *Prevost de Kerahès*, lequel était oncle par alliance de Bizien de Poher, chevalier. On retrouve, en 1304, dans le testament de Jean II, Aimeric et Henri de Quarhez (Ib. *l. 1199.*). En 1306, dans un accord entre Hervé de Léon , et Pierre de Guergorlé , Daniel fils d'Olivier de Ker-ahès, (Ib. *tit. de Blain I. 1204.*) et l'on trouve même joint à cette charte, le sceau de la cour de Ker-ahès, devant laquelle l'accord était passé, portant d'un côté un échiqueté avec un franc canton d'hermines, et de l'autre un lièvre ; enfin dans les comptes des trésoriers de Bretagne de 1420 et 1422, Jéhan de Ker-ahès, capitaine de 14 hommes d'armes et 7 archers. (Ib. *II, 1068 et 1123.)* Ces noms ne nous apprenent guère autre chose que l'existence d'une famille qui porta le nom de Ker-ahès, et qui paraît s'être éteinte dans le cours du XV.e siècle. Les chartes que je viens de citer ne permettent pas d'élever un doute sur l'existence de cette famille, et , si l'on écrivait actuellement l'histoire comme l'ont fait nos premiers historiens bretons, il nous serait assez facile de rattacher ces seigneurs de Ker-ahès à l'un des héros d'une épopée écrite au XIII.e siècle, et dans laquelle nous allons trouver des documents entièrement inédits sur Carhaix et sur les antiquités qui y existent encore, antiquités qui nous donneront bientôt une base plus solide pour asseoir nos raisonnements sur l'époque à laquelle cette ville a dû jouir d'une véritable splendeur.

Il existe à la bibliothèque du roi, un manuscrit petit in-4.º dont les premiers feuillets manquent et dont les derniers laissés en blanc prouvent que c'est une copie non terminée. L'écriture est de la fin du xiv.ᵉ siècle ou du commencement du xv.ᵉ Le style annonce une composition du xii.ᵉ siècle. C'est un poëme en vers de dix syllabes, dont il reste un peu plus de trois mille, ayant pour objet la conquête de la Bretagne Armorique, par Charlemagne, sur un roi Maure nommé Aquin, qui y régnait depuis trente ans. Charles arrive en Bretagne par le Mont Saint-Michel et va attaquer Aquin dans la ville de Guidalet, aujourd'hui Saint-Servan. Les barons de Bretagne, dépossédés par Aquin, se réunissent à leur libérateur; le poète nomme Coneyn, Richardel et Guyon de Léon, Merien de Brest, Aray de Mené, Thebart de Vannes, Thiory et son nepveu Salomon, qui depuis fut roi de Bretagne, Yves de Seyson (Cesson), Hamon de Montroullez (Morlaix), Morin de Dolas, Excomar de Saint-Pabu, Eon de Chastillon, et enfin

> De Quarahés Hoès au *blanc guernon,*
>
> (*Vers 81.ᵉ*)

C'est-à-dire à *la blanche barbe.* « *Moult estoit vieil* », ajoute le poète, et, en effet, nous verrons plus tard que Hoès, ou plutôt Ahès, avait alors 140 ans. Cet âge patriarchal ne l'empêchait point de combattre avec force et courage contre les Sarrazins. Dans l'une des principales batailles, il est nommé avec honneur parmi les chevaliers bretons :

> De Charalies Hoes le vieil barbé
>
> Aussy y est, qui n'a mie oblié
>
> De bien ferir sur payens defée.

Un chef musulman nommé Doret qui défendait la ville de Gardoine, fait une sortie et vient fondre sur les Bretons :

> Celui Doret qui orainz fut nommé,
>
> Soubz son escu fiert Hoes le barbé ;
>
> Mais du haubert n'y a maille faulcé,
>
> Car Dame Dé a le baron tensé.
>
> Hoes fiert luy qui ne l'a pas doubté,
>
> Sus son escu d'un grant espiez quarré ;
>
> Haubert n'escu ne l'a pas garenté :
>
> Dedans la char l'a playé et naffré,
>
> Jus a la terre l'a mis et gravanté.
>
> L'espiez partit et en deux l'a troncé :
>
> Diable d'enfer a le payen tensé,

Que il n'est mort piecza et décollé.
Sur le payen est Ohès arresté
Et traict du feurre le branc acéré,
Et ja luy eust le chef dou coul sevré,
Quant sur luy vint Acquin ly amiré
Et Sarrazins, dont il y a plenté,
Qui l'ont rescous et a cheval monté.
A tant s'en est Doret fuyant torné
Droit à Gardoine l'admirable cité.
Et si Ohès s'est en hault escrié :
Doret, dit-il, moult estes effrayé ;
Vous enfuyez, comme couart prouvé ;
S'ung seul petit fussiez plus demouré,
Ja mais roy Charles ne fust par vous grevé,
Ne l'arcevesque, ne la chrestienté.
Doret s'enfuit : ne ly a mot sonné.

(Vers 808.e au 836.e)

Ce combat fit grand honneur au vieil Ahès, et quand *nostre gent* fut rentrée à son *herberge au vespre et a soulail cutté*,

Moult ont Ohès entre eulx forment loué
Que il s'estoit en l'estor bien prouvé.
Bien sept vingts ans avoit jà tout passé.

Puis on se mit à deviser de choses et d'autres, et, dans la conversation, quelques Français, peu au courant des traditions bretonnes, prièrent Ahès de leur raconter la curieuse histoire de sa femme :

De sa femme ont Franczoys illec parlé,
Qui fut moult saige et fut de grant beaulté,
Et si luy ont enquis et demandé
D'où ell' fut née et de quell' parenté.
— Ce dit Ohes, ja ne vous soit celé ;
Elle fut fille Corsout li aduré,
Qui bien vesquit trois cens ans a passé.
Mais celle dame ot ung moult fol pensé,
Qui cuidoit vivre tous jours en jeune aé.
Elle fit faire un grant chemin ferré
Par où alast a Paris la cité,
Car le pays est de bois tout planté.
A Quaràhes, ce saichez de verté,
Fut le chemin commencé et fondé.
Par celle dame fut maint chesne coupé,

Et abattu maint grant arbre ramé,
Quant ce chemin fut fait et compassé,
Plus de vingt lieues fut le chemin ferré.
Moult y ot t'en en poay de temps oupvré
De cy au terme que je vous ay conté,
Que la dame ot ung merle mort trouvé,
De main en l'autre l'a tourné et viré ;
Lors a la dame un grant souspir jetté,
Que icest secle n'estoit que vanité,
Qui plus y vit plus a mal et peiné,
N'y a si riche qui n'ait adversité;
Lors a la dame moult grandement plouré.
De maintenant avoit ung clerc mandé
Qui estoit maistre de la divinité (1),
Et luy avoit enquis et demandé
Si l'on povoit mourir sans estre tué,
Ou mehaigné, o plaié, ou naffré,
Il luy a dit : ouil, pour vérité,
Tous ceux mourront qui sont de mere né,
Que pas un seul ne sera trestourné,
Ne gardera ung seul sa richeté,
Ne nul avoir que il ait amassé,
Ne bourg, ne ville, ne chastel, ne cité,
Or, ne argent, ne denier monnoyé,
Ne drap de soie, ciclaton ne sendé ;
Ne nulle chose que oncques fist Dame Dé,
Car Dame Dé l'a ainsin destiné.
Lors a la dame un grant souspir jeeté :
Helas, dit-elle, pourquoy fusmes nous né !
Or' ne me prise un denier monnoyé,
Ne ma richesse ne ma grant poesté,
Ainczois me doy tenir en grant villé :
Ja ne sera le chemin achevé :
Moult me repens dont j'y ay tant oupvré !
N'ert mais par moy fait ni edifié,
Ne nulle autre œupvre, car ce seroit faulté,
Car tout ce secle ne vault ung ail pelé.
Ainsin remaint comm' je vous ay conté.
Seignors barons, dit Ohès le barbé,
Iceste dame dont je vous ay parlé,

---

(1) Docteur en théologie.

Elle fut morte bien à cent ans passé,
Onc puis ne fus a femme marié,
Et non serai-je ja mais en mon aé,
Car je suys moult vieil et moult usé,
De sein de femme moult a que je fus né;
Car ne sera de femme vieil homme amé
Qui la péut bien servir a son gré;
Vieil hom' fredist quand il est en aé,
Et jeune femme, pour dire vérité,
Souvent eschauffe. Telle est sa qualité.
Qui sont a peine eux deux a ung gré.

Quant Franczoys l'ouirent grant joie en ont mené,
Et moult s'en sont entre eux ris et joué,
Et luy répondent : ce semble de verté.

On voit que le poëte a fait du vieil Ahès une sorte de Nestor racontant les faits du temps passé. Cet épisode qui, dans sa naïveté native, n'est pas sans intérêt, en acquiert un tout spécial dans la recherche qui nous occupe. Nous y trouvons la preuve qu'au XIII.ᵉ siècle, les voies romaines, qui sortent de Carhaix, étaient déjà, et sans doute bien auparavant, l'objet des traditions populaires; qu'on les attribuait à une dame et que cette dame, femme d'Ahès, ne peut être autre que cette princesse Ahès, dont ces chemins ont conservé le nom jusqu'à nos jours : *Hent Ahès.* — On y retrouve aussi la tradition de cet oiseau mort, rencontré par la princesse, et qui lui fait faire de si amères réflexions sur l'instabilité des choses humaines, tradition que j'ai retrouvée moi-même, comme je l'ai déjà dit ailleurs, sur la voie Ahès, entre Guer et Carentoir; sur celles de Blain à Chasteaubriant, et à Vennes, et dans les environs du château de la Chèze à l'occasion de la fondation de l'abbaye de Lantenac. Tout cela n'est que fables, me dira-t-on. J'en conviendrai, pourvu qu'on me permette de considérer comme fables aussi, telles ou telles étymologies appliquées à ce nom d'*Ahès*, et fables pour fables, de préférer celles qui sont restées dans la mémoire du peuple, et qui se trouvent reproduites dans un document remontant à plus de six siècles. Que les savants expliquent, s'ils le peuvent, comment cette histoire de l'oiseau mort, consignée dans le poëme dont je viens de citer quelques fragments, s'est perpétuée jusqu'à présent dans le souvenir de nos paysans bretons ; comment, dans ce poëme, on attribue à la femme du vieil Ahès, ces mêmes chemins ferrés, qui sont encore nommés *Chemins d'Ahès*, dans toute la Bretagne bretonnante. Qu'ils nous disent comment un poète du XIIIe siècle à présenté, comme digne d'être racontée, cette historiette de la femme du vieil Ahès, historiette dans laquelle la construction de ces mêmes chemins est donnée comme objet principal, comme un effet de la grande puissance de cette femme, comme quelque chose de surnaturel.

On ne peut nier qu'il y ait ici une singulière connexion entre cette tradition, qui attribue ces antiques monuments à une femme, dont l'histoire paraît tellement merveilleuse aux chevaliers de France, qu'ils en demandent le récit, femme qui semble à leurs yeux une sorte de fée, et ces autres traditions qui, dans le même pays, nomment, au lieu de la princesse Ahès, la fée Jouvence, la dame Aleno, et jusqu'à la duchesse Anne ; qui, dans les autres provinces, attribuent ces mêmes chemins à la reine Brunehauld, à la reine Blanche, à la reine Houdiolle, aux princesses Galienne et Aliénor, à la fée Mélusine : traditions tout aussi fabuleuses que celle de la princesse Ahès, mais qui indiquent assez clairement combien la construction de ces vieilles routes romaines a frappé vivement l'imagination des peuples au moyen âge, à une époque où, ayant perdu tout souvenir de la domination romaine, ils ont cru naturellement que ces grands travaux étaient dus à la baguette des fées, et les ont attribués aux princesses, dont ils regardaient la puissance comme féerique, et dont le nom redoutable était parvenu jusqu'à eux.

Il faut que l'auteur du poëme ait été fort instruit des traditions bretonnes, et qu'il ait eu une parfaite connaissance de notre topographie, pour rappeler, comme il l'a fait, d'une manière fort exacte, les noms d'un grand nombre de lieux de la Bretagne, surtout dans les environs de la ville d'Alet, près de laquelle se passe l'action principale. Nous y verrons plus tard qu'il nomme Corseul comme une *ville d'antiquité*, et que Charlemagne se rend de Corseul à Carhaix par le *chemin ferré*.

> *Que fist la femme Ohes lo vieil barbé.*
>
> (*Vers* 2825.e)

Mais nous devons dire ici que le roi Acquin, contraint d'abandonner la forte place de Guidalet, se réfugie dans celle de Carhaix, dont il fait réparer le *chastel*; qu'il y est poursuivi par Charlemagne, et vaincu dans une bataille, sous les murs de la ville.

De tout ce que je viens d'exposer on peut induire, ce me semble, en faveur de Carhaix, une très-vieille illustration, qui justifie l'explication donnée ci-dessus du nom de *Pou-Kaer* le pays de la *Ville*; puis on voit aussi que le nom de *Ker ahès* ou *Ville d'Ahès*, lui est venu de son plus vieux seigneur connu, et peut-être aussi de cette femme si extraordinaire, si excentrique, comme on le dirait aujourd'hui, dont nous venons de reproduire l'histoire, enfouie dans un document ignoré. Et, bien qu'il n'y ait véritablement rien d'historique dans ce non d'*Ahès*, on sera forcé de convenir que c'est encore celui de la ville de Carhaix et des voies romaines qui en sortent, et qu'il faut bien le prendre, fabuleux ou non, comme nous le trouvons encore en usage, après un si long temps dans la bouche des Bas-Bretons. On nous a bien donné comme vraies les biographies complètes de Conan Mériadec et du roi Grallon !

La tradition d'*Ahès* et de son nom, donné à la ville de Carhaix, est rappelée dans ce passage du savant jurisconsulte Eguinaire Baron, enfant du Léonais, cité par son compatriote Miorcec de Kerdanet, qui n'indique pas l'ouvrage d'où il l'a tiré :

« *Exstat oppidum in comitatu Cornualensi Armoricæ Britan-* » *niæ, ab Ahæ gigantis fœminæ nomine appellatum* QUER-AHEZ, » *quod verbum sonat* VILLA AHÆ. — Dans le comté de Cornouaille » de la Bretagne Armorique, il existe une ville appelée du nom » d'Ahès, femme géante, *Quer-Ahès*, ce qui signifie *ville d'Ahès*.» Baron écrivait dans la première moitié du XVI.e siècle. La tradition qu'il a recueillie nous donne *Ahès* pour une géante, et ceci est conforme à la croyance générale, répandue sur la voie allant de Carhaix vers Tréguier, et surtout dans la paroisse de Prat, où l'on dit que *Ahès* mourut près de la chapelle de N. D. de Confort, et fut enterrée à côté de la voie, sous une pierre de 30 pieds de long, qui, avec plusieurs autres, formait le tombeau, et se voyait encore à peu de distance de la chapelle, à la fin du XVII.e siècle, et peut être même à présent. J'en parlerai plus au long en traitant de la voie de Carhaix à Tréguier.

Le nom d'*Ahès* revient souvent dans la mémoire et dans la bouche des Bas-Bretons. M. de Kerdanet, dans les notes de son édition d'Albert Legrand, p. 57, vie de saint Guennolé, assure qu'on voit près du *Huel-goat*, une espèce de fondrière, d'où s'élèvent, dit-on, des bruits lugubres. Ce sont, au dire des habitants du canton, les gémissements des amants d'Ahès, qu'elle faisait précipiter dans ce gouffre. Il en est qui donnent le nom de *Dahut* à cette même princesse, et qui la prennent pour la *fille impudique du bon roi Grallon*, laquelle, à raison de ses grands péchés, fut la cause de l'engloutissement de la ville d'Is. (Albert Legrand, *Vie de saint Guennolé.*)

Le P. Albert Legrand, de Morlaix, parle aussi d'Ahès dans la table des matières et topographique de sa Vie des Saints de Bretagne : « *Ker-Ahès*, dit-il, par corruption *Carhaix*, ville fondée » autrefois par la princesse *Ahès*, qui fit faire deux grands che- » mins pavez, l'un depuis cette ville jusqu'à Nantes, l'autre jus- » qu'à Brest, qu'on appelle *Hent Ahès*, c'est-à-dire *Chemin* » *d'Ahès.* »

Une remarque générale par laquelle je terminerai ces diverses observations sur le véritable nom de Carhaix, c'est que, jus- qu'à la fin du XVI.ᵉ siècle, on ne trouve, dans les chartes recueillies par les Bénédictins, que le seul nom de *Ker-Ahès*, conforme à celui que les Bretons bretonnants lui donnent, et qu'il y a lieu de croire que c'est seulement à partir du XVI.ᵉ siècle, que celui de *Carhaix* a prévalu dans le pays *Gallo* de la province, c'est-à-dire la partie où l'on parle français.

Tout ce qui précède me paraît établir d'une manière formelle que ce nom de *Ker-Ahès* est dû à ce personnage, soit mâle, soit femelle, connu en Bretagne sous le nom d'*Ahès*. Et ceci me paraît rendre inutile toute dissertation sur les étymologies qu'on a voulu en tirer, et surtout de celle donnée d'abord par le pré- sident de Robien, et reproduite avec développement par Corret de Kerbauffret, dans sa notice sur sa ville natale, insérée au Dictionnaire d'Ogée, et par laquelle il voudrait prouver que Car- haix fut fondé par Aëtius, général romain du V.ᵉ siècle, et a reçu de lui son nom. Réfutée dès sa naissance par le savant abbé Ruffelet, cette opinion sera tout-à-fait anéantie par la rencontre, dont je parlerai bientôt, d'une colonne milliaire du second consulat de Septime-Sévère, trouvée à huit lieues de Carhaix, sur la voie romaine conduisant à Corséul.

Après avoir réuni, à peu près, tout ce que le moyen âge peut nous apprendre sur Carhaix, nous allons nous occuper des débris romains qu'on y a observés, et que chaque affouissement, dans le sol de cette ville, met encore tous les jours en lumière, fouilles qu'une indifférence blâmable laisse opérer à peu près sans fruit.

Le premier auteur qui ait mentionné Carhaix, sous le rapport de ses antiquités, est D. Lobineau, dans le texte de son histoire de Bretagne, p. 2. « *Ker ahez*, autrement *Carhaix*, dit-il, est une ville très-ancienne, et l'on y découvre tous les jours des restes de sa première splendeur. » Cette indication est un peu vague, mais ces restes étaient évidemment des débris romains.

Le président de Robien s'occupa de Carhaix dans la première moitié du XVIII.ᵉ siècle. Dans son intéressant ouvrage manuscrit sur la Bretagne, conservé à la bibliothèque publique de Rennes, ch. 4, de la 1.ᵉ partie, il parle de Carhaix et de ses monuments romains, dont il donne en même temps les dessins. « Carhaix, dit-il, situé
» au centre de ces anciens peuples (les *Osismii*), et où l'on dé-
» couvre tous les jours les anciens murs de fondements de mai-
» sons, de remparts, de canaux de ciment, de puits de forme
» singulière, de fragments de briques et de ciment de toutes
» espèces, épars de tous côtés, sont des témoignages certains de
» l'antiquité de cette ville (1). L'espèce de raport du nom de
» *Keris*, ancienne ville des Ossismiens, avec le nom de *Keraez*,
» m'avoit fait d'abord croire que ce pouvoit être la même. Mais
» la situation de Carhaix, sur une hauteur, au centre du pays
» des Ossismiens, la distance du *Gesocribate* de la Notice de
» l'Empire et de l'Itinéraire d'Antonin (2) (qui est le port de
» Brest), celle de *Sulim* (qui est, selon quelques-uns, le lieu des

(1) Nous copions textuellement cette phrase qui manque de régularité, mais qui est intelligible.

(2) Ni la Notice de l'Empire, ni l'Itinéraire d'Antonin, ne font mention de Gesocribate, qui ne se trouve que dans la carte de Peutinger, ou Table Théodosienne. La mémoire de notre savant lui a fait ici défaut. Quant à son appréciation topographique des noms de *Gesocribate*, *Sulim* et *Vorganium*, je ne l'admets ni ne la conteste, n'ayant encore aucune base pour asseoir mon jugement dans l'une ou l'autre hypothèse.

» Salles de Rohan) aussi cité dans ces mêmes itinéraires, dis-
» tances qui sont à peu près les mêmes de ces endroits à la ville
» de Carhaix, et ne peuvent convenir ni à Léon, ni à Tréguier,
» font juger avec raison qu'elle aurait bien pu être le *Vorga-*
» *num* et la capitale des Ossismiens. »

Le savant président ajoute dans une note que « quelques-
» uns attribuent la fondation de Carhais à une princesse ima-
» ginaire nomée *Ahès* ; mais qu'il seroit plus probable
» que cette ville eût tiré le nom de *Ker-Ahès*, qu'elle porte
» encore aujourd'huy, de celui d'un général romain nommé
» Aetius qui, dit-on, avoit commandé dans ces cantons, et y
» avoit fait construire ces grands chemins » que l'auteur a été
des premiers à observer, et dont nous parlerons ci-après. Nous
avons déjà dit, et nous démontrerons dans notre second chapitre, combien cette étymologie tirée du nom d'Aetius, est
peu fondée.

A ces premiers renseignements sur les antiquités de Carhaix,
M. de Robien a joint une planche de dessins à la main et coloriés,
où l'on remarque :

1.º Des fragments de tombeaux en pierre, trouvés dans un
champ au-dessous de trois chapelles ;

2.º Des fragments de briques et de tuiles rouges ;

3.º Des morceaux de ciment antique, mélangé de petites par-
celles de brique concassée ;

4.º Des morceaux de beton en très-grandes masses ;

5.º Le plan et la figure d'un puits antique dans un champ :
c'est probablement le puits d'où l'on fait sortir l'aqueduc, et qui
a donné son nom au champ : *parc-er-pus*, le champ du puits ;

6.º L'aspect d'un fragment de l'aqueduc en ciment, qui est
le monument le plus apparent qu'on trouve à Carhaix, et dont
nous reparlerons.

Au chap. 16, il mentionne, pour la première fois, trois voies
romaines sortant de Carhaix : 1.º celle *prenant à l'est*, indication
qui peut convenir à la voie conduisant à Corseul, comme à celle
conduisant à Vennes ou à Rennes ; 2.º celle allant à Pen-Marc'h ;
3.º celle se dirigeant vers la pointe du Raz. Il entre dans fort peu
de détails, mais il a le mérite incontestable d'en avoir parlé le
premier, et ce sont les extraits de notre savant président breton
que le comte de Caylus inséra dans son Recueil d'antiquités, t. VI.

Dans sa 2.e partie, chap. 5, M. de Robien parle de l'état moderne de la ville de Carhaix, et en donne un dessin et le plan.

C'est dans la dissertation où Corret de Kerbaufret a prétendu prouver que Aetius était le fondateur de Carhaix, et insérée en entier dans le Dictionnaire d'Ogée, qu'on rencontre des détails un peu circonstanciés sur les antiquités romaines trouvées dans cette ville, et donnés au public pour la première fois.

« Cette ville, dit l'auteur, l'une des plus anciennes de l'Armo-
» rique, a encore l'avantage d'avoir en soi plusieurs vestiges
» précieux de l'antiquité, des fragments curieux de colonnes,
» de statues, etc.; mais ce qu'elle offre de plus remarquable à
» l'admiration des amateurs de monuments anciens, et à la cu-
» riosité des étrangers, sont deux *superbes* aqueducs qui ont été
» découverts depuis peu d'années : ouvrage des Romains, *digne*
» *de ces grands hommes*, conservé pour ainsi dire en son entier.
» Ces aqueducs ou canaux voûtés ont deux pieds de large sur
» trois de haut. Leur maçonnerie, d'une construction singulière,
» consiste en de petites pierres et des morceaux de briques,
» encastrés et jettés dans tous les sens sur un enduit de ciment,
» le tout recouvert d'un autre enduit de ciment bien uni et aplani
» par dessus. Ils ressemblent parfaitement, quant à la bâtisse et
» à la forme, à ceux qu'on voit à Nismes, à Saint-Remi, à Arles,
» et dans les environs des villes fondées par les Romains ; ce qui
» ne permet pas de douter que Ker-Aës ne soit leur ouvrage. Un
» de ces canaux aboutit au nord dans la campagne, à une espèce
» de citerne d'environ cinq pieds de diamètre; l'autre à une cave
» appartenant à M. de Kernaeret.
» En creusant les fondements de nouveaux édifices, on a trouvé
» quantité de tuiles posées par assises réglées, sur des lits de
» ciment, la plupart conservées dans leur entier, et ayant envi-
» ron deux pieds de long sur seize à dix-sept pouces de large,
» et deux pouces d'épaisseur. Ces briques, dont l'usage est en-
» tièrement inconnu à Ker-aës, sont de la forme de celles dont
» les Romains seuls se servaient *pour asseoir la base de leurs édifices:*
» *au moyen d'une entaille pratiquée à l'extrémité de ces énormes*
» *briques, elles devenoient faciles à transporter entre les mains des*
» *ouvriers.* En continuant les mêmes fouilles, on a trouvé des
» bronzes antiques, des médailles en argent et en cuivre de di-
» vers empereurs, etc. »

L'auteur ajoute en note qu'à l'époque où il écrivait, le R. P. prieur des Carmes de Carhaix était en possession d'une précieuse collection de ces médailles. Ce prieur avait formé, dans son couvent, un petit cabinet d'histoire naturelle, mais il ne paraît pas qu'il eût recueilli d'autres antiquités que les médailles, et il est à croire que les curieux débris dont parle M. Corret ont été, comme tant d'autres, dispersés et perdus.

M. Corret fait aussi mention de quelques-unes des voies romaines sortant de Carhaix. « Avant la confection des grandes » routes dans la Basse-Bretagne (sous le gouvernement du duc » d'Aiguillon, de 1754 à 1764) on voyoit encore, dit-il, aux » environs de Ker-Aës, particulièrement sur les chemins de » Nantes et de Brest, plusieurs débris de la voie romaine désignée » dans la table de Peutinger, et que les *paysans* du *pays* nom- » moient par tradition *Hent-Aës*, *Chemin d'Aës*. On en voit en- » core des vestiges auprès de Carhaix et des environs, surtout » près la forêt de Beffou, sur la route de Lannion, et jusqu'à » Brest. Quelques-uns prétendent que ces chemins furent cons- » truits par les ordres de la duchesse Anne, mais cette opinion » n'est pas admissible. Ils furent commencés par Auguste et con- » tinués par Agrippa, son gendre. Le vulgaire les appelle *Chaus-* » *sées de Brunehaut* ou les *chemins ferrés*. »

On a dû remarquer, par ce que dit Corret de Kerbauffret des entailles qu'on remarque aux deux bouts des tuiles romaines, en- tailles qu'il croit destinées *à faciliter le transport de ces tuiles entre les mains des ouvriers*, puis de l'usage de ces tuiles pour *asseoir des fondations*, quand au contraire elles servaient de couverture; on a dû remarquer, dis-je, que l'auteur, malgré sa grande et incontestable érudition, était loin encore de l'étude exacte et sérieuse des monuments romains. C'est aussi avec peu de critique qu'il affirme, en parlant des voies romaines de Carhaix, que le *vulgaire* les appelle *Chaussées de Brunehaut*. Cette appellation, très-commune dans le nord de la France, me semble tout-à-fait inconnue du *vulgaire* breton.

De la dissertation de Corret, qui parut dans le 1.er volume du Dictionnaire d'Ogée, en 1778, il faut aller jusqu'au Voyage de Cambry dans le département du Finistère, exécuté en 1794 et 1795, et imprimé en 1799, pour trouver quelque chose sur les mêmes restes d'antiquité. Cambry, avec la légèreté et le décousu dont il a marqué tous ses ouvrages historiques, se contente, dans un assez long article sur Carhaix et son *district*, d'adopter l'opinion de Corret sur la fondation de cette ville, et quant aux antiquités, voici ce qu'il ajoute : « Il n'est aucune recherche que » je n'aie faite pour voir les bronzes antiques, les médailles, » les débris de colonnes et les compartiments en marbre dont on » parle à Carhaix, hélas ! sans réussite. Et je l'ai déjà dit, dans » le catalogue que j'ai donné des monuments du Finistère, l'a- » queduc de Carhaix, dont on prête la construction aux Ro- » mains, est *certainement un ouvrage gaulois.* »

Il faut avouer que, pour une pérégrination archéologique, Cambry avait mal choisi son temps. Ce bon prieur des Carmes, à la politesse obligeante duquel Corret s'était plu à rendre hommage, dans la note finale de sa dissertation, n'existait plus, ou était en fuite, et son cabinet devait avoir subi une dilapidation alors trop générale. Le peu d'observateurs que la localité pouvait fournir, avaient dû faire trève à leurs recherches, amies de la paix, au milieu de l'épouvantable conflagration politique de l'époque. Il se borna, selon toute apparence, à visiter ce fragment d'aqueduc, que tous les voyageurs ont vu ou peuvent voir très-facilement; mais, en vérité, le jugement qu'il en a porté, en le prenant pour un ouvrage gaulois, a de quoi surprendre, de la part d'un homme qui revient sans cesse, et de la façon la plus prétentieuse, sur ses voyages en Italie, et dans le midi de la France, et qui, à Carhaix, n'a pas reconnu le beton romain.

Il est à croire que de temps en temps il s'est fait quelques fouilles à Carhaix, et qu'elles n'ont pas été sans produire plus ou moins de débris antiques; et cependant depuis 1778 jusqu'en 1834, aucune notice n'est venue nous en donner l'annonce ni l'explication.

Sous la date du 7 juillet de cette dernière année, l'*Auxiliaire Breton*, journal de Rennes, donna l'article suivant : « L'occu- » pation de la Bretagne par les Romains, a été contestée par » quelques écrivains qui l'ont peu ou mal visitée. La découverte » qui vient d'être faite à Carhaix, paraît devoir lever tous les » doutes à ce sujet. Ces jours derniers, des ouvriers, en creusant » des fondations dans la partie sud de Carhaix, près de la maison

» du brave et savant la Tour-d'Auvergne, ont rencontré, à quinze
» pieds de profondeur, une muraille de construction romaine, en
» briques de 15 pouces de long sur 10 pouces de large, en tout
» semblables à celles décrites par Vitruve. Au pied de ce mur, qui
» s'étend du levant au couchant, est une plate-forme en maçon-
» nerie de sept briques d'épaisseur, les unes sur les autres, liées
» entre elles, ainsi que celles du mur, par un ciment d'une
» grande ténacité. — Ce ciment est composé de briques gros-
» sièrement pilées et de moitié chaux. On n'a pas encore deviné
» à quel usage était affectée cette muraille, percée d'arceaux,
» dont les cintres sont parfaitement conservés. Le sol qui re-
» couvre ces maçonneries est composé de différentes couches
» irrégulières de débris d'édifices, où l'on remarque des
» traces d'incendie, des masses de bitume, des morceaux de
» marbre blanc, des fragments de vaisseaux en terre cuite, des
» ossements d'animaux et même quelques-uns appartenant à
» l'homme. Une seule pièce de monnaie présentant l'effigie d'un
» empereur, a été retirée de ces décombres, et tout fait es-
» pérer qu'il en sera trouvé d'autres dans la continuation du
» travail. — Il y a deux ans que des pauvres trouvèrent aussi,
» non loin de cet emplacement, des canaux souterrains d'où
» ils retirèrent quantité de vases en terre cuite, hermétiquement
» fermés, contenant des cendres, et qui étaient sans doute des
» urnes cinéraires. »

En lisant ces détails, on ne peut s'empêcher de regretter qu'au
chef-lieu de chaque département, il ne se trouve un lieu de dé-
pôt pour tous les objets d'antiquité trouvés dans le ressort. Beaucoup de gens, qui ne savent que faire de ces objets, les appor-
teraient avec plaisir au centre commun, et sauveraient ainsi de
la destruction une foule de choses curieuses, dont l'archéologue
pourrait tirer un parti fort utile à l'accroissement de la science
historique.

M. le chevalier de Fréminville, pendant longtemps animé d'une
patriotique rancune contre les conquérants romains, n'a voulu rien
leur devoir et a soutenu, jusqu'à ces derniers temps, qu'ils
n'avaient fondé aucun établissement important dans notre Basse-
Bretagne. Ce n'est pas le lieu de discuter cette opinion de notre
savant confrère, opinion qu'il a d'ailleurs modifiée avec la bonne

foi et la loyauté qui le caractérisent, (1) mais cette sorte d'an-
tipathie contre tout ce qui est romain, l'a malheureusement em-
pêché de donner aux antiquités de Carhaix toute son attention,
et d'en rendre un compte scientifique qu'il est si en état de bien
établir. Aussi n'a-t-il vu à Carhaix que quelques vestiges de constructions romaines en briques plates, un étroit conduit d'eau sou-
terrain et quelques médailles du bas empire, *(Antiquités du Finistère, 2.ᵉ part. p. 212)*, et tout cela ne lui a semblé prouver
autre chose que le temporaire établissement d'une station ou
d'un poste militair e.

Je crois, en vérité, que c'est trop peu, et je ne vois pas bien
comment M. de Fréminville concilie cette opinion avec celle qu'il
a émise, à deux pages de distance, de l'identité de *Ker-ahès* et
de *Vorganium* que Ptolémée, au second siècle de notre ère, a
donné comme étant la capitale des *Osismii*. M. de Fréminville
avouera, je pense, qu'une capitale Gauloise, devenue, comme
à peu près toutes les autres, une cité romaine, était nécessairement quelque chose de plus qu'un établissement temporaire, un
simple poste.

Quoi qu'il en soit, Carhaix, avec ses antiquités romaines, ses
voies, son histoire féerique de la princesse Ahès, et les disser-
tations plus ou moins concluantes qui y placent le *Vorganium*
de Ptolémée, ou le *Vorgium* de la table de Peutinger, mérite
bien la visite d'un archéologue, et on a lieu d'être surpris que
cette visite lui ait manqué de la part de M. Mérimée, inspec-
teur général des monuments historiques, qui nous rend compte
d'une excursion qu'il a faite au Huelgoat et à la mine de
plomb de Poullaouen, à trois lieues de Carhaix, mais qui n'a
pas cru devoir inspecter cette vieille cité des *Osismii*, et se
contente de nous dire en deux lignes et en note, « qu'on y
» a trouvé un aqueduc et beaucoup de substructions, qui sont
» aujourd'hui, pour la plupart, recouvertes de terre. » *(Notes
d'un voyage dans l'Ouest. 1836, p. 156.)*

Il est très-certain qu'à Carhaix le sol cache une très-grande
quantité de débris antiques, et que la main niveleuse de
l'homme y a laissé fort peu de monuments debout. J'en puis

____

(1) Ceci était écrit plusieurs années avant la mort si regrettable de M. de Fréminville.

parler de science certaine, ayant accompli, en 1856, ce pèlerinage archéologique, auquel, en ma qualité de Breton, je me croyais obligé. Cependant, dans une course rapide de quelques heures seulement, je pus me convaincre, par l'immense quantité de fragments de tuiles à rebords, qui, non seulement se trouvent dans l'intérieur de la ville, mais encore couvrent tous les champs d'alentour, que l'étendue de Carhaix, sous la domination romaine, était bien plus considérable qu'aujourd'hui, et que cette ville, parfaitement posée sur un mamelon, à pente douce, d'où elle domine une plaine vaste et fertile, devait couvrir de ses bâtiments la plus grande partie du mamelon.

D'autres restes, évidemment romains, se trouvent presque partout sous le sol à fleur de terre, dans tout ce qui a fait partie de l'ancienne ville. Ce sont de très-larges pâtés de béton, composé, comme on sait, d'une chaux employée en une proportion dépassant moitié et dans laquelle ont été jetées au hasard une grande quantité de petites pierres, grosses comme notre macadam actuel, ainsi que des fragments de briques. Cette composition est d'une incroyable dureté. Je crois que ce béton a été employé pour former le rez-de-chaussée des maisons. On n'en peut pas bien connaître l'épaisseur ; mais, autant que j'ai pu en juger en quelques endroits, elle doit dépasser un pied. J'en ai observé des plateaux considérables sur le bord de la rue Neuve, en dehors de la ville actuelle, au-dessous d'un champ nommé *Parc-Post*, dont il est sorti des monceaux de débris de tuiles à rebords. J'ai trouvé aussi du béton près de l'église Saint-Pierre. Au reste, on m'a assuré qu'on ne pouvait faire aucune fouille dans la ville de Carhaix, ni dans ses abords, sans y rencontrer des tuiles, des briques, du béton. On en a beaucoup découvert en aplanissant la place d'Armes, vis-à-vis de l'hôpital.

L'aqueduc, que j'ai observé dans sa partie sortant à l'est et très-près de la grande route de Callac, dans un chemin vicinal un peu creusé, et à peu près parallèle à cette route (c'est, je crois, le seul endroit où cet aqueduc soit apparent), l'aqueduc est en entier formé de ce même béton. Il présente une voûte cintrée, d'une hauteur approximative de 15 à 20 pouces, les pierrailles qui en encombrent le fond ne permettant pas une mesure parfaitement exacte. Sa largeur est d'un pied 8 pouces et demi. L'intérieur a été lissé avec soin à la truelle. La partie observée paraît se diriger à l'est vers la ville par-dessous un champ cultivé. On connaît à Carhaix une cave où il vient aboutir. Le chemin vicinal dans lequel arrive l'aqueduc, paraît avoir été, en se creusant successivement, la cause de la destruction du monument en cette partie. Je n'en ai pas aperçu la continuation sur l'autre bord de ce chemin, vers l'ouest, mais on m'a dit qu'en contournant dans sa déclivité le coteau qui est au-dessus du champ de foire, il allait trouver une source qui existe dans un champ situé à la sortie de la rue Neuve, sur la route de Callac, champ qui, de la source, a pris le nom de *Parc-er-Pus*, ou champ du *Puits*. Un aqueduc était d'autant plus nécessaire à Carhaix, que les puits creusés à de grandes profondeurs, dans le mamelon schisteux sur lequel cette ville est assise, ne donnent que des eaux peu abondantes.

J'ai cité ci-dessus la singulière idée de Cambry qui prenait l'aqueduc de Carhaix pour un monument gaulois. Je n'imagine pas que personne soit de son avis. Mais s'il fallait le combattre, je n'aurais qu'à citer l'observation faite par M. Bouvet-Jourdan sur les aqueducs qui amenaient à Chartres les eaux des villages de Morancez et de Vert. « Ces aqueducs, dit-il, sont presque à fleur » de terre, ils ont 18 pouces de largeur, et la maçonnerie en est » composée de petits cailloux liés par un mortier devenu aussi » dur que la pierre. » (*Mém. de la Soc. des Antiq. de Fr.* v, 374.)

M. Beaulieu, dans sa notice sur les antiquités de Vichy-les-Bains, parle aussi d'un aqueduc en béton, dont l'intérieur enduit en ciment romain avait 50 centimètres en tout sens. Il ajoute qu'en creusant les fondements de l'établissement des bains, les ouvriers brisèrent d'énormes masses de béton, et que, dans les champs voisins du cimetière, on en trouve des couches d'une grande épaisseur, que les habitants du lieu taillent et emploient à bâtir. (*Ibid.* XIII, 460.)

Ces observations ont la plus frappante analogie avec celles que j'ai faites à Carhaix, et ne permettent pas de douter un instant de l'origine romaine de tous ces ouvrages.

On voit par ce qui précède combien, malgré toutes nos recherches, les renseignements sur les antiquités de Carhaix sont peu nombreux et incomplets. Aussi c'est avec une vive reconnaissance que j'ai reçu de M. Pol de Courcy, les communi-

cations suivantes; que je m'empresse d'ajouter ici comme un
heureux complément. « En entrant dans la ville par la route
» de Quimper, dit notre savant confrère, près de l'enclos des
» Ursulines, on a trouvé dans une prairie à droite, des débris
» de colonnes, des vases, des bronzes antiques. Des frag-
» ments de statues et de pavé en mosaïque ont été également
» recueillis à Carhaix, dans un champ, derrière le cimetière
» de Plouguer, sur la place du Marc'hallac'h. Des fourneaux
» d'hypocauste, des débris de placage en marbre, des urnes ci-
» néraires et des tuyaux carrés en terre cuite destinés à la
» distribution du calorique dans un établissement thermal nous
» ont été représentés, ainsi que deux petits bronzes de Valérien
» et de Claude le Gothique (253 — 269), récemment trouvés à
» Carhaix. Nous avons visité, ajoute M. de Courcy, les ruines du
» château de Carhaix, sur l'emplacement duquel les Carmes
» élevèrent leur monastère en 1658. Nous n'y avons pas re-
» connu l'appareil romain proprement dit, le château ayant subi
» de grandes transformations dès le XIV.e siècle, après les
» siéges qu'il avait soutenus. Mais les jardins qui l'entourent,
» sont encore jonchés de débris de tuiles. Chaque coup de
» pioche en amène encore à la surface, particulièrement dans
» le jardin de M. Antoine Boulanger, jardin borné à l'est par un
» mur du château. »

Ces remarques récentes sont une nouvelle preuve que s'il se
faisait à Carhaix des fouilles suivies avec persévérance et intel-
ligence, on ne peut douter qu'on en obtiendrait des résultats
qui viendraient non seulement confirmer l'origine romaine de
cette ville, mais encore démontrer la grande importance qu'elle
eut pendant les premiers siècles de notre ère.

Carhaix, indépendamment de sa qualité de ville gauloise et
peut-être de capitale des *Osismii*, qualité qu'aucun renseignement ne vient appuyer, mais qui n'en est pas moins probable,
Carhaix peut donc être considérée comme ayant été une cité romaine, et comme une ville de cette étendue ne se fonde pas en
quelques années, on peut croire que dès l'instant de la conquête
et lorsque les Romains songèrent à fonder dans la Gaule des éta-
blissements nécessaires au maintien d'un ordre militaire et admi-
nistratif, on commença à élever, dans ce centre de l'Armorique,
les nombreuses constructions dont nous rencontrons les débris,

et qu'on les continua pendant tout ce temps de l'occupation romaine, époque sur laquelle nous invoquons en vain l'histoire, et dont nous ne pouvons retrouver les annales que dans notre sol bouleversé par des invasions guerrières et des désastres de toute sorte, que nous ne savons à qui attribuer.

Les débris romains ne sont pas à Carhaix les seules marques de son antique splendeur. De nombreuses voies, qui rayonnent autour de son emplacement, annoncent toute l'importance de cette ville au temps où ces routes ont été tracées. Aucun travail suivi n'a encore été fait sur leur direction. On n'a jusqu'à présent que des observations éparses, que je vais m'efforcer de réunir et de coordonner, afin d'indiquer la véritable direction de chaque voie, et arriver peut-être à des découvertes intéressantes et à quelques résultats certains sur la géographie ancienne de la Bretagne Armorique.

Un précis de mon travail a été inséré à l'article *Carhaix*, dans la nouvelle édition du Dictionnaire d'Ogée. J'y ai donné la liste des voies sortant de Carhaix qui sont venues à ma connaissance : je la reproduis ici avec quelques corrections :

1. De Carhaix à Castel-Noëc et continuation vers Rennes.
2. ——— vers Loudéac par Rostrenen et Goarec.
3. ——— à Vennes.
4. ——— à Quimper.
5. ——— à la pointe du Raz.
6. ——— à Plou-Guerneau, avec embranchement sur Brest.
7. ——— à Lannion, avec deux embranchements, l'un sur Perros-Quirec, et l'autre sur Coz-Gueodet.
8. ——— vers Tréguier.
9. ——— vers Crozon.
10. ——— à Morlaix, avec embranchement sur Saint-Pol-de-Léon.
11. ——— à Loc-Quirec.
12. ——— à Gorseul, avec embranchement sur Erquy et sur Saint-Servan.

Je dois avertir que ce travail, comme celui que je viens de présenter sur les antiquités de Carhaix, sera nécessairement fort incomplet, parce que, pour le bien faire, il faudrait une mission spéciale, qui donnât tous les moyens d'exécution. Son seul mérite

se bornera à faire voir ce qu'on pourrait en attendre, et peut-
être à donner une idée de l'utilité de pareilles recherches pour
l'histoire de notre pays sous la domination des Romains.

CHAPITRE PREMIER.

VOIE ROMAINE DE CARHAIX A CASTENNEC

(CASTEL-NOEC)

SUR LA RIVIÈRE DE BLAVET.

Dans un essai sur les voies romaines du Morbihan, publié
dans l'Annuaire de ce département pour 1841, j'ai décrit la
prolongation de cette voie depuis le pont de Marsac, sur la rivière d'Aff, jusqu'au pont de Saint-Nicolas-des-Eaux, sur le
Blavet, dans un développement d'environ vingt-deux lieues. Au
bout de ce dernier pont, et sur la rive droite de la rivière, s'é-
lève une petite montagne formant une presqu'île, dont l'isthme
est très-resserré. Là j'ai reconnu un vaste camp romain, fortifié
par la nature ; là, gît une colonne milliaire, portant encore un
reste d'inscription en l'honneur de l'empereur Trébonien, qui
régna de l'an 250 à 252 ; là, était demeurée jusqu'à la fin du
XVII.ᵉ siècle, la vieille statue de granit, transportée, en 1696,
au château de Quinipily, et connue de tout le peuple breton
d'alentour, sous le nom de *Grock* ou *Groac'h er 'hoard*, la vieille
de la *garde* ou du camp ; là, était placé à l'entrée de la presqu'île, un château du moyen-âge, déjà ruiné au commencement
du XII.ᵉ siècle, et connu alors sous le nom de de *Castel-Noëc*,
changé depuis en celui de *Castennec*, sous lequel est actuellement connue cette localité.

Une chapelle existait dans la presqu'île. On n'en voit plus que
les ruines, près d'une maison de fermier qui a conservé le nom
de la *Goard*, ridiculement changé en celui de *Coüarde*, muta-
tion qui a donné lieu à un bon nombre de dissertation plus ridi-
cules encore.

Une autre chapelle nommée de la Trinité a été respectée. Elle est située en dehors de la presqu'île, et tout près des ruines du vieux château. C'est non loin de cette chapelle qu'une grande quantité de fragments de briques à rebords a fait croire à un établissement romain de quelque importance. Le village, où se trouvent ces débris, porte aussi le nom de *Castennec*, et la tradition veut qu'il ait été une ville et le lieu d'un marché considérable. En effet, il est fait mention de la mesure de *Castel-Noëc* dans une charte de l'abbaye de Bonrepos, par laquelle, en 1223, Olivier, vicomte de Rohan, ratifie le don d'un boisseau de froment fait à cette abbaye : *busselæ frumenti ad mensuram Castrinoioci.*

J'ai dit dans mon Essai cité ci-dessus, comment la voie, après avoir traversé le Blavet sur le vieux pont de Saint-Nicolas, actuellement remplacé par un nouveau, un peu plus en aval, trouvait devant elle une montagne très-abrupte de 70 à 80 mètres d'élévation, et comment elle contournait cet obstacle, en prenant à gauche une pente ménagée sur la déclivité, et parvenait sur le terre-plein de la presqu'île dont je viens de parler. On a suivi la même direction dans le tracé du chemin vicinal de grande communication de Baud à Guémené. La voie suivait donc toute cette presqu'île et son isthme, dans une longueur de 12 à 1500 mètres, et, par ce que nous avons dit des grands travaux militaires qui y ont été exécutés, tant sous l'époque romaine, qu'au moyen âge, on peut juger de l'importance donnée à ce passage par les dominateurs du pays, et combien il était fortement défendu.

Indépendamment des débris romains qui tendent à faire croire qu'au village de Castennec existait un établissement assez considérable, il faut y remarquer l'embranchement, dans la grande voie *Ahès*, d'une voie romaine bien moins large que celle-ci, et arrivant en droite ligne du bourg de Melrand. Ce curieux renseignement nous est fourni par l'auteur de la statistique du canton de Baud, M. Cayot Délandre. (*Ann. du Morb.*, 1836. p. 116.) Malheureusement nous n'avons pu nous procurer d'autres renseignements sur cette voie, qui paraîtrait venir de quelque établissement romain de la côte méridionale du Finistère.

Quant à la chaussée ou voie d'*Ahès*, je ne l'ai point suivie au-delà du village de Castennec. M. Cayot Délandre affirme qu'on la retrouve à l'issue de ce village, et qu'on peut la reconnaître presque partout où elle passe sur le territoire de Bieuzi, commune de laquelle dépendent *Castennec* et la presqu'île de la *Goard*. Ce renseignement m'a été confirmé sur le lieu par plusieurs paysans que je rencontrai dans le cabaret de S.-Nicolas, et qui me fournirent des détails circonstanciés sur la direction de cette *chaussée Ahès*, qu'ils connaissent à merveille depuis sa sortie de Castennec jusque auprès du village de *Keraudie*, situé dans la paroisse de Guern, c'est-à-dire pendant plus de 5 kilomètres. Voici ces détails que j'ai déjà consignés dans mon *Essai*, et qui paraissent se trouver d'une grande exactitude, puisque l'excellent explorateur que je vais citer tout à l'heure, les a laissés tels qu'ils étaient, et a bien voulu partir de là pour l'entière reconnaissance de la voie jusqu'à son entrée à Carhaix.

De Castennec la voie se dirige sur le village de la Motte, dont le nom indique presque toujours, soit un tumulus, soit une enceinte fortifiée. Au-dessous de ce village elle passe la petite rivière de Houé ou Noué, à peu de distance du moulin à eau de *Kern-alain*, à 1000 ou 1200 mètres au N. du bourg de Bieuzi. Elle entre ici sur la commune de Melrand, dont elle traverse la pointe N. E., en passant aux villages du *Roc*, du *Lain*, de *Ker-prat*, de *S.-Fiacre* et de *Ker-hol*. S.-Fiacre est un village à chapelle, où se tiennent chaque année deux foires considérables, signe certain pour cette localité d'une fort ancienne habitation. Ce point mériterait d'être étudié. Dans ce trajet, la voie laisse au S. E. à un kilomètre, la jolie chapelle de *Loc-maria*, et à trois, le bourg de Melrand. Au-delà de *Ker-hol*, la voie pénètre dans la paroisse de Guern, et passe entre le village de Ker-audic et un mamelon fort élevé, nommé le *Mont-Guern*, sur lequel était autrefois une justice patibulaire, à 2 kilomètres au S. du bourg.

Ici cessaient les renseignements que j'avais pu recueillir de mes antiquaires en habits de toile et en sabots. J'étais mécontent de m'arrêter en si beau chemin, et dans ce cas spécial, comme dans la description des autres voies du département du Morbihan, j'invoquai le secours de tous ceux que ces recherches pouvaient intéresser. M. Croizer a bien voulu répondre à cet appel, et a donné, dans l'Annuaire du Morbihan, pour 1843, la direction de la voie romaine qui nous occupe, depuis l'endroit où je l'avais amenée dans la paroisse de Guern, jusqu'à Carhaix, et cela de la manière la plus précise et la plus aisée.

à suivre sur la carte de Cassini. Ce ne sont point ici de vaines conjectures comme on en a trop donné en pareille matière. C'est une indication fournie par quelqu'un qui a pris la peine de suivre pied-à-pied la voie romaine, et qui possède tout ce qu'il faut pour la bien reconnaître. La longueur du fragment exploré par M. Croizer, est d'environ cinquante kilomètres. Voici son travail, que je reproduis avec d'autant plus de plaisir, qu'il est la confirmation de ce que j'avais conjecturé sur la direction de la voie vers Carhaix.

Au delà et à peu de distance du village de *Ker-audic* et du *Mont-Guern*. « La voie, dit M. Croizer, coupe le chemin de » Guern à Melrand, près d'une croix nommée *Croez er stifel* » (croix de la fontaine), passe la rivière de Sarre, à cent mètres » au dessous du moulin du *Quilio*, (1) laisse à droite le village » de *Man-er-val*, au sud, celui de *Kergo*, au nord, *Talhoet-* » *Pistien*, et au sud, *Fourdan*, où se trouve un retranchement » nommé *En doez* (la douve ou le fossé). Cet [ouvrage est très- » remarquable, il a 85 mètres de long, sur 40 de large ; la » hauteur de ses parapets varie d'un mètre 0, 50 à 3 mètres. » Dans le sens de sa longueur, un parapet peu élevé le par- » tage et forme deux enceintes.

» La voie passe ensuite devant une auberge appelée *En abus*, » longe au nord *Kervenic-bras* (écrit *Kervenio-le-Grand*, sur la » carte de Cassini) traverse une grande lande nommée *Lann* » *Sarre* (de la rivière de Sarre qui en recueille les eaux), at- » atteint le village de *Res-caly*, en la commune de *Loc-malo*, » et coupe la route de Pontivy à Guémené, près d'une auberge » nouvellement construite et nommée *Croez-Res-caly* (la croix » de Rescaly). »

A un kilomètre à l'ouest, est le bourg de *Loc-malo*, pa- roisse très-ancienne et aumônerie donnée aux Templiers, en 1160, par le duc Conan IV. (*D. Morice. Pr. 1. 638.*) La ville de Gué- mené, à 2 kilom. au-delà, en a été la simple trève jusqu'à la révolution, — et ceci prouverait que Guémené n'a eu, pendant longtemps, que son château, autour duquel la ville s'est grou-

----

(1) A peu de distance au S.-O. de ce moulin, se trouvent la chapelle et le village de Saint-Jean-*hen-ven*, ou Saint-Jean-du-Grand-Chemin. Cette localité, rés- anciennement consacrée, mériterait une exploration.

pée peu à peu. On ignore absolument l'origine de ce château qui, comme celle de beaucoup d'autres, se perd dans la nuit du moyen âge. La même charte de 1160 nous apprend qu'en Guémené-Guégan existait une aumônerie nommée *Quasgurq* ; qui fut donnée aussi à l'ordre du Temple : *elecmosina de Quasgurq in Kemenet Guegant*. Reprenons la description de la voie avec M. Croizer.

» De cet endroit (c'est-à-dire de la *Croez-Res-caly*) elle se rend » au village de *Quen-ven* (par corruption de *Hent-ven*). »

M. Croizer explique ailleurs la véritable signification de ce mot *Hent-ven*, qui se rencontre fréquemment en Basse-Bretagne, sur le tracé des voies romaines. « *Hent-ven*, dit-il, que les Bretons » prononcent *hent-uen*, signifie bien littéralement *chemin blanc*, » mais il signifie aussi par extension *chemin battu*, *fréquenté*, et » c'est ce dernier sens qu'il a dans la bouche des habitants. Ainsi » *hent-ven* veut donc dire un *chemin blanc* parce qu'il est *battu*, » *fréquenté*, parce qu'il n'y pousse pas d'herbe, et non parce » qu'il se compose de matériaux blancs, tels que du granit et » du quartz. Si l'on conserve, ajoute M. Croizer, quelque doute » à cet égard, on peut consulter le dictionnaire du P. Grégoire » de Rostrenen, au mot *battre*, et l'on verra l'expression *chemin* » *battu* rendue en breton par *hent-guen*. »

Il est probable que ce village de *Quen-ven* ou *Hent-ven* était le siége d'une basse justice que le dictionnaire d'Ogée (article Guerne) nomme *Heunc-ven*.

« Après ce village, la voie entre dans la commune de Seglien » (dont le clocher est à 3 kilomet. au N.-E.), traverse la lande » et le village de *Mané-guegan*, celui de *Quenec'h-callec*, passe » près de *Rest-er-herven* (écrit *Rest-an-guer-ven* sur la carte de » Cassini), et pénètre dans la commune de *Lan-goelan*. »

M. Croizer, dans l'article statistique qu'il a donné sur la commune de Seglien (*Ibid.*, p. 151), mentionne trois enceintes fortifiées qui pourraient être en rapport avec la voie dont nous nous occupons.

« 1.º Près du village de *Coët-Rivallain* (que j'ai en vain cher- » ché sur la carte de Cassini), se voit une petite enceinte appelée » *Er'hloestre* (le cloître), et dans laquelle on a établi un courtil.

» 2.º Dans une partie de la forêt de Quenec'h-can, appelée » *Coët er squeul*, se trouve, entre les villages de *Toulnou-brohet*

4

» *(Toul-breuet*, Cassini) et de *Porh-lan*, un retranchement rec-
» tangulaire. Il présente à peu près 75 mètres de longueur sur
» 50 de largueur. Ce petit camp est éloigné de la voie d'au moins
» 6 kilom. au N.-E.

» 3.° Non loin du village de *Ros-cadet* (*Ros-cadey*, Cassini),
» dans la lande de *Pen-davad*, on voit aussi un retranchement
» de grande dimension, qui paraît n'avoir pas été terminé. »
C'est peut-être un de ces gros fossés que nous trouvons sur
presque toutes nos landes de Bretagne, et que j'ai cru être des
épaulements construits à la hâte par une armée prête à livrer
bataille. Celui de *Ros-cadet* n'est pas à plus de 4 kilomètres E. de
la voie.

Enfin, dans la même commune de Séglien, près du village de
Saint-Germain, on trouve une borne milliaire gisante sur un
côté de la voie. Sa hauteur est d'un mètre 0,70. M. Croizer ne
dit pas si elle porte une inscription. Il forme le vœu de voir
cette précieuse petite colonne relevée du lieu où elle est placée,
et transportée sur la route de Pontivy à Guemené, à l'endroit
où cette route est coupée par la voie romaine. Je crois, au contraire, qu'il est bien plus intéressant pour la science, de laisser
cette colonne à la place qu'elle occupe sans doute depuis bien
des siècles. C'est un jalon d'où peuvent partir d'importants
calculs topographiques. Il serait bon aussi d'étudier la position,
et de recueillir les traditions de cette chapelle de Saint-Germain,
qui, comme toutes celles qui se trouvent le long des voies romaines, doit être d'une grande ancienneté. J'imagine qu'on
pourrait y rencontrer les vestiges d'un établissement romain,
comme on l'a fait à la chapelle de Saint-Christophe, commune
d'Elven (Morbihan).

M. Croizer remarque encore que dans les communes de Loc-
Malo et de Séglien, la voie est appellée *Hent-er-hass* (le chemin
du transport).

« Dans la commune de Langoëlan, la voie passe au village
» de Brambily, à celui de *Goës Elegan*, en longeant le bourg au
» sud. »

Ogée, dans son Dictionnaire, article LANGOUÉLAN, dit qu'on
remarque dans cette paroisse les ruines d'une tour circulaire,
bâtie en pierres de taille, et que les habitants nomment la maison du Dieu de Paris, *ti Doué Baris*. On prétend, ajoute-t-il,
qu'elle fut bâtie du temps du paganisme, par un gentilhomme

du pays , qui était allé à Paris, où il avait été témoin de l'honneur qu'on rendait en cette ville à la déesse Isis, et qui, pénétré de vénération pour cette déesse, fit bâtir ce temple en son honneur. Tout ceci n'est autre chose qu'une élucubration que quelque *cloarec* du pays aura envoyée à Ogée. Il y a là dedans beaucoup trop d'érudition pour que cela sorte de la mémoire du paysan bas-breton, et le collégien s'y fait excessivement sentir. Aussi cette sotte tradition ne nous apprend-elle rien sur un monument qui, par lui-même, ne doit pas être sans intérêt, et qui me semble en acquérir un nouveau de sa position sur une voie romaine. Le nouvel éditeur d'Ogée regrette beaucoup que depuis le temps de son auteur, c'est-à-dire 70 à 80 ans, personne ne se soit occupé de ce monument. Je regrette de même que M. Croizer soit passé à Lan-goelan sans en rien dire. Espérons qu'il en rendra bon compte à la Société archéologique de Bretagne.

« Du village de *Goës-Elegan*, la voie va traverser le village du
» *Merzer* (le Martyre, indiqué comme une ancienne trève sur
» la carte de Cassini.) A 300 mètres au sud de ce point, on voit
» dans un champ dépendant du Plessix, un petit retranchement
» circulaire, dont le diamètre est d'environ 40 mètres. Après
» avoir dépassé le *Merzer*, la voie laisse à 200 mètres au N. le
» village du *Coledic*, à 2 ou 300 mètres pareillement au nord
» de celui de *Kerservan*, longe, dans sa partie méridionale, le
» taillis de *Pen-hoet-vras* (le grand Pen-hoet), et, au nord, le
» village du même nom en la commune de *Ploerdut*, passe au
» village du *Porzo* (dont le nom selon M. Croizer signifie une en-
» ceinte fortifiée) puis un peu au sud des villages du *petit Pen-*
» *houet*, de *Vihon* et de *Villerit*, et à 50 mètres de *Loc-uon*
» (ancienne trève de Ploerdut.) »

Loc-uon occupe une sommité d'où les eaux s'écoulent dans la rivière d'*Aon* ou Aune, dans celle d'Ellé, dans le Scorff et dans le Blavet. Ce doit être un des points les plus élevés de la Bretagne. Cette localité doit mériter une exploration archéologique.

Après *Loc-uon*, la voie « entre dans la commune de *Plou-ray*,
» dont le clocher est à 6 kilomètres à l'O., traverse le village
» du *Car-bont* (Car-pont. Cassini) et pénètre dans le département
» des Côtes-du-Nord (à environ 5 kilom. à l'O. du bourg de
» Mellionec.) »

« Dans la commune de ce nom, elle laisse à 3 ou 400 mètres

» à l'E. le château de Tre-garantec, et entre sur le territoire
» de Glomel. Elle passe à 100 mètres à l'E. du village de *Ker-*
» *gariou* (*Guern-gariou.* Cassini.) »

Ce village est à un kilomètre au sud-ouest du petit bourg de
S.-Michel, ancienne trève de la paroisse de Glomel, et faisant
encore partie de cette commune. C'est une chapelle qui doit être
fort ancienne, et sur laquelle j'appelle encore l'exploration.

« De Kergariou, la voie traverse une grande lande appelée
» *Gouarem hent-ven*, (la garenne du *chemin blanc*, du *grand*
» *chemin*) et un petit village qui porte aussi le nom de *Hent-ven*
» (*Goarem lan ven.* Cassini), longe la chapelle de S.-Conogon,
» et passe (au-dessous) le ruisseau qui alimente le barrage de
» Glomel (canal de Nantes à Brest) ruisseau sur lequel subsis-
» tait un pont qui peut-être était romain, et dont il ne reste
» plus que deux arches à demi-ruinées. Chacune de ces arches
» a environ 1 mètre 0,50 de hauteur, et une largeur à peu près
» égale. Ce petit pont est en tout comparable à celui de la
» *Ville Hellec* sur la rivière de Claye où passe aussi la (même)
» voie romaine. »

C'est probablement de ce même pont qu'a voulu parler M.
Habasque dans ses *Notions* du département des Côtes-du-Nord,
(t. 3. p. 98, en note) mais en se bornant à une simple indication,
et sans même faire connaître la situation de ce pont, autrement
que dans la commune de Glomel.

« De ce vieux pont, la voie se rend dans une des avenues du
» château de Saint-Eloy, et la suit jusqu'à sa jonction avec la
» route de Glomel à Gourin. Elle se confond alors avec cette
» route jusqu'au sommet d'une lande nommée *Lan castellou* (lande
» des castels ou des camps), d'où elle se dirige sur le village de
» *Keroulcr*, en la commune de Paule. Sur la crête de cette lande
» et tout près de la voie, se trouve un retranchement remar-
» quable. Il a 120 mètres de longueur sur 100 mètres de largeur.
» Ses parapets sont fort élevés en certaines parties.

» Au-delà du village de *Keroulcr*, situé à 2,000 mètres à l'O. du
» bourg de Paule, la voie franchit un grand plateau, en suivant
» à peu près une ligne droite. A 400 mètres à l'O. du village de
» *Ker-len*, figuré sans nom sur la carte de Cassini, le chemin
» pratiqué fait un angle droit pour descendre un coteau ; mais
» la voie ne change pas de direction ; elle plonge hardiment au
» fond du vallon, traverse ensuite quatre champs cultivés et

» atteint la rivière nommée *Er-goz-ster* (la vieille rivière), qui
» est canalisée, à 100 mètres en amont de la 28.ᵉ écluse. A l'é-
» poque où s'exécutèrent les travaux de canalisation, on trouva
» dans cette rivière, vis-à-vis de l'endroit où vient aboutir la
« voie, plusieurs poutres qui étaient sans doute les débris du
» pont. Après avoir franchi le *Goz-ster*, la voie gravit un coteau,
» passe à 100 mètres à l'E. du village de *Lein-hon* (*Leinghon*,
» dans Cassini) et arrive obliquement sur la route de Rostrenen
» à Carhaix (route royale, n.° 164), près d'une croix en ruine,
» située à un kilomètre à l'E. du bourg du Moustoir et se con-
» fond avec cette route. Le bourg du Moustoir n'est éloigné
» que de 5,000 mètres de la ville de Carhaix. Nous n'avons point
» recherché les traces de la voie romaine dans ce court trajet. »

Avant qu'on eût construit, sous le gouvernement du duc
d'Aiguillon, la route de Rostrenen à Carhaix, il devait être très-
facile de suivre, jusqu'à l'entrée de cette ville, le tracé de notre
voie romaine. C'est apparemment de la portion la plus rappro-
chée de ce centre que le président de Robien a voulu parler en
disant : « Le chemin qui prend à l'orient de Carhaix est fort
» entrecoupé et est bientôt perdu. » Certes, le savant magistrat
l'avait bien peu cherché.

Corret avait en vue la même partie de la voie en disant : « avant
» la confection des grandes routes dans la Basse-Bretagne, on
» voyait encore, aux environs de *Ker-aes*, particulièrement sur
» les *chemins de Nantes* et de Brest, plusieurs débris de la voie
» romaine désignée dans la table de Peutinger, et que les paysans
» nomment par tradition *Hent-aes*, etc. »

M. Croizer termine sa notice par quelques remarques pleines
d'intérêt, et qui complètent ce qu'il avait à dire sur la voie qu'il
a si bien explorée. « Depuis *Cast-ennec*, commune de Bieuzy,
» jusqu'à Carhaix, cette voie romaine est fréquentée, sauf les
» lacunes suivantes :
» 1.° Le coteau à l'O. du moulin du Quilio.
» 2.° Les landes voisines du village de *Quen-ven*, en Loc-Malo.
» 3.° Plusieurs pièces de lande près du village de *Ker-servan*,
» commune de Ploerdut.
» 4.° Trois ou quatre champs qu'elle traverse, près du village
» de *Kergariou*, dans la commune de Glomel.
» 5.° La lande nommée *Lann-castellou*.
» 6.° Les deux coteaux entre lesquels coule le *Goz-ster*. »

Ce qui prouve que, dans sa majeure partie, cette voie est encore suivie, et l'on doit trouver surprenant que les ingénieurs des ponts-et-chaussées n'aient pas cherché à l'utiliser, certains qu'ils y eussent trouvé un travail fondé solidement et presque tout fait, réuni à une science de direction très-remarquable, surtout dans un pays des plus accidentés.

« Nous avons mesuré, continue M. Croizer, la largeur de la voie » partout où elle est bien conservée, depuis la rivière d'Aff, » jusqu'au village de La Vieille-Eglise, dans la commune de » Plaudren, et depuis Castennec jusqu'à Carhaix ; nous lui » avons trouvé constamment 20 mètres entre les deux berges » latérales. »

La direction générale suivie par cette voie de Carhaix à Castennec, est le S. E., et cette direction se continue au-delà par les communes de Guénin, Saint-Jean-du-Botau et le Moustoir, jusqu'à un village de la paroisse de Plaudren nommé *Er go'h ilis*, en français La Vieille Eglise, à 15 kilomètres au nord de Vennes. Ce village et ses alentours, dans une superficie de huit à dix hectares, sont jonchés de fragments de tuiles à rebords, de briques, de poteries et autres débris évidemment romains ; là se trouve le camp de *Castel-floc'h* ou de *Bot-digabel*, avantageusement situé sur une hauteur qui commande le pays, et entouré, dans sa forme quarrée, de fossés dont la profondeur s'est à peu près conservée, et de remparts en terre qui présenteraient encore une assez bonne défense ; là, on vous fait remarquer la vieille église des moines rouges, *Coz-ilis-menec'h ru*, qui n'est plus qu'un amas informe de débris romains, placé au milieu d'un champ et couvert de broussailles ; là, enfin, la voie romaine venant de Carhaix est croisée par celle allant de Vennes à Corseul et que j'ai décrite dans mon Essai de 1841, cité au commencement de ce chapitre. C'est à M. Croizer qu'on doit la découverte du point précis où s'opère ce croisement. Je l'ai reconnu moi-même en compagnie de MM. Lorois, préfet du Morbihan, et Ch. Gaillard, conseiller de préfecture, et en nous rendant à *Coz-ilis*, nous nous attendions bien, comme nous l'avons fait, à trouver, à la rencontre de deux voies, les vestiges fort apparents d'un établissement romain.

Je m'abstiendrai de tous autres détails sur ce point important, les réservant pour le chapitre dans lequel je répondrai, à l'aide de documents nouveaux, le premier travail que j'ai consacré à cette voie depuis l'Aff jusqu'au Blavet. Je me bornerai ici à présenter quelques observations générales sur la direction de cette voie depuis Carhaix jusqu'au pont de Marsac, en Car-an-toer, sur la première de ces rivières.

J'ai déjà dit que de Carhaix à *Coz-ilis*, cette direction était du N. O. au S. E. dans un parcours d'environ 86 kilomètres. Cette ligne, à partir de Coz-ilis, n'est plus continuée. Elle prend l'E. et même se relève un peu vers le N. jusqu'au pont de Marsac dans un développement d'environ 50 kilomètres.

Coz-ilis forme donc le sommet d'un angle dont l'ouverture est d'environ 155 degrés. Une pareille inflexion dans la direction d'une voie romaine, me paraît considérable et, s'il est vrai, comme je l'ai cru d'abord, que la branche sortant de Coz-ilis se dirige vers Rennes, l'ouverture de l'angle se rétrécissant de plus de 10 degrés, il deviendrait impossible de croire que la branche de Carhaix à Coz-ilis, et celle de Coz-ilis à Rennes formassent une seule et même voie; et conséquemment que cette voie fût celle qui mettait Carhaix et Rennes en communication directe. En effet la ligne à vol d'oiseau entre ces deux points passant à 11 lieues au nord de Coz-ilis dans le voisinage de Loudéac, c'est dans cette direction qu'il convient de chercher les vestiges de la voie qui établissait cette communication. Nous ferons de cette recherche un chapitre particulier dans lequel nous réunirons les documents que nous avons pu recueillir à ce sujet. Quoique peu nombreux ils pourront donner l'idée de nouvelles investigations auxquelles seront dûs peut-être des résultats satisfaisants.

Si la voie de Carhaix à Coz-ilis n'est pas celle de Carhaix à Rennes, peut-on dire qu'elle était la route antique de Carhaix à Vennes ? C'est l'opinion de M. Croizer dans l'Annuaire du Morbihan, 1843, p. 153. Cependant on pourrait faire ici la même objection qui vient d'être présentée. En effet, la branche venant de Carhaix à Coz-ilis, y couper la voie de Vennes à Corseul, et formant avec cette voie un angle d'environ 110 degrés, il est permis de douter que ce soit ici la communication directe entre Carhaix et Vennes. Ce serait s'écarter de quatre lieues à l'E. de la ligne à vol d'oiseau qui passe vers l'ancienne abbaye de Lan-vaux. Des recherches nouvelles dans les communes de Grand-Champ, Camors, Quistinic, pourront peut-être amener la découverte d'une voie directe entre ces deux anciennes capitales.

Si on continuait la direction S.-E. de la branche venant de Carhaix à Coz-ilis, à travers les communes de Plaudren, de Mont-er-Blanc et d'Elven, on arriverait par embranchement à la voie de Blain à Vennes, que j'ai décrite dans mon Essai de 1841, et en suivant cette voie jusqu'à Blain et Nantes, on aurait dans tout ce parcours la même direction S.-E. Si, d'une autre part, on ajoutait à cette ligne la voie se rendant de Carhaix à Plouguerneau par le N. O., on aurait de Nantes à cette dernière localité, placée sur la côte de la Manche, près de l'Aber-vrac'h, une ligne totale du S.-E. au N.-E. d'environ soixante-dix lieues, sur laquelle on peut presque partout, à l'exception des quatre lieues qui séparent Coz-ilis de la voie de Blain à Vennes, retrouver les vestiges très-apparents d'une voie romaine. Devrait-on reconnaître dans cette longue ligne se développant d'un bout de la presqu'île bretonnne à l'autre, cette voie tracée sur la carte de Peutinger depuis le *Portus Nannetum* jusqu'à *Geso-cribate* par *Duretie*, *Dartoritum*, *Sulim* et *Vorgium* ? C'est ce que pourrait nous apprendre une étude bien faite de la lacune que je viens d'indiquer entre la voie de Blain à Vennes et Coz-ilis.

L'étude de cette partie est d'autant plus importante qu'elle est traversée du S. O. au N. E. par une voie allant s'embrancher dans celle de Coz-ilis au pont de Marsac, vers les bourgs de Gallac ou de Sérent. Cette voie, que j'ai reconnue en 1845, avec MM. de Blois, Croizer et de Keridec, depuis Vennes jusqu'à Kergo en Mont-er-Blanc, c'est-à-dire pendant à peu près trois lieues, doit être la véritable et directe communication entre Vennes et Rennes. Je l'avais indiquée dans mon Essai de 1841, p. 75, mais sur des indications assez vagues. Aujourd'hui c'est une certitude, et on ne peut plus dire avec M. Croizer (*Ann. du Morb. 1843, p. 153*), » que pour aller de Vennes à Rennes on suivait la voie de Cor- » seul jusqu'à la vieille église (Coz-ilis). » Je me propose de faire de cet embranchement l'objet d'un chapitre particulier beaucoup plus complet que celui qui lui a été consacré dans l'Essai sur les voies romaines du Morbihan.

9 782019 966409